JN438408

진도 육자배기

국립중앙도서관 출판시도서목록(CIP)

진도 육자배기 : 한정민 시집 / 지은이: 한정민. -- 대전 :
오늘의문학사, 2015
p. ; cm. -- (문학사랑시인선 ; 40)

ISBN 978-89-5669-704-8 03810 : ₩10000

한국 현대시[韓國現代詩]

811.7-KDC6
895.715-DDC23 CIP2015025311

문학사랑시인선 · 40

진도 육자배기

한정민 시집

오늘의문학사

■ 서문

고향 진도에서 궁핍하게 살던 어린 시절, 어둠이 오면 마당에 모깃불 피우고 할머니 육자배기를 들으며 밤하늘의 별을 땄던 소년이 70이 넘어 〈문학사랑〉 신인상을 받아 문단에 등단도 하고, 부끄러운 마음으로 시집을 세상에 내놓았습니다.

어린 시절 아버지 소판 돈을 훔쳐 무조건 상경하여 고통스런 삶을 살기도 하고, 월남전에 참전하여 삶의 극한 상황을 맛보기도 했으며, 사랑하는 아내의 암 투병을 간병하다 기어이 떠나보내기도 했으며, 늘그막에 인생이 무너질 때쯤 시를 의지하여 일어서기도 했습니다.

이 시집 속에는 내 인생의 진실된 삶의 역사가 고스란히 담겨 있습니다. 늦게 시를 시작했기 때문에 약간 서툴 수도 있지만 이 시들은 신산의 내 삶을 있는 그대로 피운 꽃들입니다. 아내를 떠나보내고 외로워 자칫 무너질 수도 있었지만 시를 의지하고 힘차게 일어섰습니다.

노년의 내 삶에 시는 가장 소중한 보물입니다. 내게 보물을 주시고 보살펴주신 문예대학 교수님들, 같이 배우는 사랑하는 친구들 대단히 고맙습니다. 시집을 내는데 많이 도와주신 〈문학사랑〉 관계자 여러분들께도 감사드리며, 앞으로 더욱 좋은 시를 쓰기 위해 열심히 노력하겠습니다.

제1부 황혼에 핀 꽃

제2부 고향에 가면

제3부 당신의 얼굴

제4부 촛불을 켜고

제1부

황혼에 핀 꽃

행복

어둠의 무게에 눌려있을 땐
있어도 안 보이던 것,

마음에 햇살을 받아들이니
없어도 잘 보이는 것.

웃음

산마루에 올라
미친 듯이 한 번 웃으니

백지처럼 말끔히
지워지는 근심들.

웃음은 지우개.

별

사람이 죽으면
별이 된다.

나도
먼 훗날
저 별이 되어

평생을 달려온 인생
가진 것
몽땅 내려놓고

빈 몸으로
가볍게 올라가
반짝이고 싶다.

여름날 오후

꽃들 아름다운 춤을 위해서
은빛 갈기 휘날리는 바람

바람은 자유롭다.
바람의 자유를 위해
하느님은 허공을 비워놓았다.

바람의 긴 꼬리가
나무마다 풀마다
수런거리게 한다.

바람의 입자들이 피워놓은
흔들림으로
적막이 깨어지고

그 작은 설렘들이 모여
더욱 빛나는 여름날 오후.

그리움

가을입니다.

내 그리움
한 송이 국화로 피었습니다.

서리가 차가울수록
그리움은 더욱
아름다운 향기를 뿌립니다.

눈발이 날리기 전 까지만
피어 있겠습니다.

꽃잎 시드는 대로
그리움에 안녕을 고합니다.

까치

겨울은
봄을 잉태하기 위한
어머니다

땅속에 잠들었던
씨앗들이
웃음 머금고
다시 돋아나고 있다.

뜨락엔
벌, 나비가
꽃망울에 입맞춤을 하고 있다.

올봄엔
내 마른 가지에도 새로운 꽃이 피려나

감나무 가지에서
머리 감은 까치 한 마리가
봄을 부르고 있다.

시

아침저녁을 집에서 먹고
점심은
밖에 나가서 먹는다.

칠순에
혼자 사니
건강이 걱정이다.

암
협심증
고혈압
전립선 비대증
이명마저 나와 함께 산다.

친구도 없고
고통만 가득 가진 나

시마저 없으면
내 삶은 정전이다.

소쩍새

달 밝은 뒷산에
소쩍새 운다.

달빛 새어드는 병실에서
죽어간 소녀
소쩍새 울음소리
귀 기울여 들었는데

이 밤에
저렇게 서글피 우는 소쩍새
죽어간 소녀의 영혼 아닌가.

남 몰래
소녀의 애잔한 미소
다시 보고 싶었는데

내 마음에 피어나는
진달래꽃 사랑으로
소쩍새 운다.

삽살개

산간 집 뜨락에
목련꽃은
바람에 나부끼는데

목련꽃 잡고 웃던
소녀는 보이지 않고

낯익은 삽살개만
꼬리 흔든다.

숲속 두견새는
피멍든 울음만 토해내는데

봄의 빗장

거실에서 겨울을 보낸
꽃나무들
베란다에 내어놓고
봄을 맞는다.

아직은 가시 돋친 바람
꽃봉오리 위에서
따듯하게 데워져서

봄 내음으로
그녀의 방을 두드리면
겨우내 굳게 닫아걸었던
마음의 빗장을 풀까.

베란다에 화분을 내어놓고
꽃피는 소리에 귀를 기울이면
그녀의 마음 건너오는 소리
설렘으로 다가온다.

여행

장미꽃
아름다운 꿈을 그린다.

외롭고 힘든 삶
배낭 속에 담아서

남해 먼 바다에
퍼다 버리고

태평양 무인도에서
일어난 바람소리

싱싱한 초록빛
파도소리를 담아오려고

배낭문 열어놓고
기차에 오른다.

수선화

깊은 외로움
바다에 내려놓고

가쁜 발걸음
뜰안에 들어서니

벅차게 쏟아지는
수선화 샛노란 미소

둥지

여리디 여린
종달새 한 마리 날아왔다.

찬바람 속
가슴 깊은 곳에
새 둥지 틀고

붉게 타오르는 햇살
가슴으로 맞이한다.

종달새는 내 작은 집에
빛을 물고 온 반가운 손님

곁에
누군가와 함께 웃을 수 있다는 건
하늘이 준 선물이다.

불면증

눈썹이
하이얀 밤엔

피지못한 꽃들이
가슴에서 불꽃으로 일렁인다

거미줄처럼
얽히고 설킨 삶

희미한 촛불 아래
일그러진 얼굴로 잠이 들고

새벽녘 홰치는 닭울음소리
아침 햇살 맞이하네.

석류

병상에서
돌아와 석류나무
심었는데

노을 가슴에 품고
빨갛게 익은 석류

온 가족
석류알처럼
방글방글 웃는다

천사

핏기 사라진
병실 침상 말기암

머지않은 날
푸른 창공 맘껏 날아라
천사여

울 엄마도
날았고

머지않아 나도 날아갈
빛이 시작되는 곳

슬퍼하지 말라
미련 떨지 말라

곱게 살다가
푸른 창공 천사되어 날아가련다

기다림

고운 눈빛으로 들어오는
그리운 사람

오래된 나무에
잔잔한 이슬비로
가슴에 단내나게
고여 있는 작은 마리아

초조한 창가에
스치우는 바람으로

여밀 수 없이 서성이는
오래 된 그리움

황혼에 핀 꽃

나의 황혼 무렵은
당신이 있어
외롭지 않습니다

젊음을 화려하게 불태워
재로 만드는
서녘 하늘을 보아도
콧노래가 절로 나옵니다

어둠의 날개들이
삶의 창가에 장막처럼
드리우는 시간

내 안의 꽃들이
반짝이며 피어오르는
시간입니다.

당신은
밤으로 가는 길목에 등불로 핀
한 떨기 아름다운 백합입니다.

제2부

고향에 가면

검둥이

황혼녘 고향 마당
인적 끊긴 한나절

마루 밑 졸다 나온
꼬리치는 검둥이

아흔넷
어머니 노년에
아들보다 가까운 벗

고향

금빛 노을
뛰노는
바닷가 산모퉁이

여객선 먼 뱃고동
울음처럼 다가와

갈매기
울음과의 합주
눈물 닦는 갯마을

고향에 가면

진도에는
지적 장애 동생이 혼자 산다.

생각만 해도 눈물이 나는
내 동생

아내를 앞서 보내고
혼자 지내다 보니
맛있는 음식 해줄 수도 없고

고향에 갈 때마다
시장에 가서 반찬 몇 가지
사다가 준다.

고향에 가면
나는 친구도 바다도 다 잊고
동생 곁에만 있다가 온다.

동생이 바로
내 고향이다.

고향집 1

초가삼간
마루 밑에 졸던 삽살개
꼬리 흔들며 다가오고

방 안엔
거미줄만 그득
빈 냉장고
엄마 따순 손길은
어디

환갑을 넘긴
지적장애 동생놈
야윈 외로움

엄마 가실 때
이승에 두고 가며
눈을 감지 못했지.

아
동생놈
텅 빈 눈동자로
무슨 궁리하고 있는가.

고향집 2

보일러도 꺼져있고
쥐구멍으로 생쥐가
들락거리는 방 안

먹다 남은 밥상엔
김치 조각
된장에 절인 깻잎만 흩어져 있다.

어머님이 떠나신 후
사라진 건
된장찌개만이 아니다.

해질녘 남쪽으로 흐르던
내 그리움의 꽃구름이
한 조각도 피어나지 않는 메마른 가슴

고향집 허전한 울안에서 사라진
내 유년의 기억

간병 일기

대학병원 705호
암 투병 고통 속에서도
치료비 걱정으로
가슴 아파하시던 어머니

갈 때가 훨씬 지났는데
무얼 하러 병원에 있느냐고
집에 가자고 자꾸만
어린애처럼 조르십니다.

간호사는
혈압도 맥박도 정상이 아니라며
내 가슴에 못을 박습니다.

변 몇 번 받아내고
이렇게 지쳐버렸는데
4형제 뒷바라지로
어머니는 얼마나 힘들었을까요.

간병을 하면서
고희 가까워서야
이제 철이 듭니다.

절망

94살 어머니 갑자기
혼절하신 새벽
동네 병원 의사는
무조건 큰 병원으로 가란다.

어머니 병명은
말기 설암

자식들 걱정으로 숨기다 숨기다
손쓸 수 없을 때 되어서야
세상에서 손 털고 일어나시는 어머니.

맛있는 것 사드려도
잡수실 수도 없고
예쁜 옷 사드려도 입으실 수 없고

자식들 위해 평생을 동동거리다
어머니가 힘없이 무너지던 그날

나는 진도 앞바다가 벌떡 일어나
내 뺨을 후려치는 꿈을 꾸었다.

사별

하늘에
비바람 불고
천둥 번개 치던 날

괴롭고 힘들었던
아흔 네 해 삶의 깃 접으시고
하늘나라로 떠나신 어머니.

화장을 하면
두 번 죽는 거라고 펄펄 뛰셨기에
아버님 곁에 모셨습니다.

고향에 가면
"둘째 오니?"
사립문 밖에 나와 반가워하실 만도 한데

강아지만 캉캉 짖으며
따라 나옵니다.

어머님이 떠나신 후로
고향은
만 리 밖 타향이 되었습니다.

성묘

지난겨울 산바람에
얼마나 추웠을까

아린 내 마음이
할미꽃으로 피었습니다.

어머니를 두고 산을 내려갈 땐
매일 오겠다 생각했는데

긴 겨울 추위만큼
시간의 틈이 넓어졌습니다.

소주 한 잔 정성으로 올리고
"어머니!"
흐느끼며 큰 절 했습니다.

돌아서서 내려오는 등 뒤로
어둠처럼
구구새만 구슬피 울었습니다.

제삿날

눈이 내립니다.
십 년 전 성탄절 무렵
당신이 가신 그 날입니다.

할머니 얼굴도 모르고 자란
손녀들까지
조용히 손을 모으고 섰습니다.

향연이 타오르고
당신 얼굴이
떠올랐다 지워집니다.

평생에 못 드셨던
음식을 차려놓고
우리는 전설을 이야기하듯
생전 일들을 이야기합니다.

향연이 꺼지면
또 내년을 기약하겠지요.

무너지던 가슴은 돌처럼 식고
이제 제사는
바람 불 듯 일상이 되었습니다.

용서

아버지가
소판 돈 오만 원은
그 시절
논 한 마지기 값

새벽에 돈 훔쳐
난생 처음
서울행 완행열차에 몸을 실었다.

낯선 서울역에서
돈 한 푼 써보지도 못하고
깡패들에게 몽땅 빼앗기고

아버지 무서워
고향 못 내려간 세월
구두닦이, 중국집 접시닦이로
찬겨울엔 손이 퉁퉁 불었습니다.

포화 속
월남전에 참전해
목숨을 담보로 돈을 벌어

아버지에게
속죄하는 마음으로
논 세 마지기를 사 드렸다.

아버지

시인이 되어
고향에 돌아왔다.

여명이 번지는
산모퉁이 돌아
꿈을 찾아 떠났던 소년

소 판 돈 훔쳐
품에 품고서
서울로 떠났던 소년

아버님은 무덤에
누워계시고
잔디도 주름살처럼 삭아

눈물로 잔을 채워
큰절 올려도
입 굳게 닫고 계신

아버지.

진도 육자배기

남정넨
집안일 하며
육자배기를 불렀고

여인넨
육자배기 장단에 맞춰
밭일을 품앗이했다.

길 가던 행인들도
육자배기 흥에 취해
춤을 추었고

어둠이 오면
마당에 모깃불을 피우고
할머니 육자배기에
밤 하늘 별을 땄다.

진도는 바닷물도
육자배기 소리만 나면
출렁거린다.

고독사孤獨死

석양에 외로움을 안고
들길을 걸으면
먼저 간
당신이 그립습니다.

암으로
내 곁을 떠난 지
어느새 9년이 훌쩍 지나가고
아들 딸이 가까이 살아도
혼자 지내려니
외롭기만 합니다.

밥 짓기,
빨래하고 반찬 만들기,
모두가
나이를 먹어 힘이 듭니다.

이렇게
혼자 살다가
아무도 모르게 숨을 거둘까
덜컥 겁이 납니다.

가장

세상에서
가장 아름다운 것은
가족들의 웃음이다.

괴롭고 힘들 때는
함께 슬퍼하고
기쁠 땐 같이 웃고 산다.

가족들의 웃음을 위해
나는 아플 때도 웃는다.

가족들의 행복을 위해
아파도 웃는 것이
가장이다.

봄

감나무 가지 위에서
까치가 아침마다
반가운 노래를 한다.

아들 딸
몽땅 출가시켜 놓고
아내도 없이
늘그막에 혼자 살며

아침 까치 노래에
잠에서 깨어나
밥 한 그릇을 짓다가

그리운 사람 오시려나
대문 쪽으로 자꾸 눈이 간다.

까치 울음이 주는 설렘
내가 누리는 유일한 호사다.

딸부자

며느리는
아이가 셋입니다.

첫째도 딸
둘째도 딸, 셋째도 딸

뱃속에서 자라는
넷째도 딸이랍니다.

아들은
네송이 꽃들을
가슴에 안고
싱글벙글 웃고 살아요.

설날

차례를 지내고
아들 며느리는
사돈댁으로 세배를 가고

당신 없는 세상
섬으로 혼자 남았다.

아파트 호출 버튼은
하루 종일
꼼짝도 하지 않고

나는 꿈속에서
누구를 만나고 싶어
억지로 낮잠 청하고 있나.

쥐꼬리만 하다는
겨울 하루해가
철길처럼 길기만 하다.

세뱃돈

아이들 한 해는
세뱃돈으로 열린다.

손녀들의 주머니에
웃음 가득 채워주고

햇살 환한 예감으로
새해를 활짝 밝혀주는

신사임당
한 장

스키장에서

스키맨들은
영하의 날씨에도
찬바람을 가르며 겨울을 즐긴다.

스트레스를
눈발에 날려 보내고
쏜살같이 산을 내려간다.

아이들에 끌려와
나는 스키를 탈 줄 몰라도
넘어지며 뒹굴며 신이 나 있다.

빙속의 속도로
스키를 타지 않으면 어떤가

아들 며느리 손을 잡고
손녀들 웃는 속에서
하루를 즐기면 그만이지.

반찬

식탁에
김치 깍두기 된장국
며느리가 만들어준
반찬

딸 넷을 키우며
정성껏 만들어 꿀맛이다.

칠순에
반찬 만들기가 귀찮아
시장에서 사다 먹는데

찬가게
반찬은 짜고 맵고
맛이 없다.

며느리의 반찬 한 점 입에 넣고
눈을 감으니
엄마의 향기가 가슴 속에 피어난다.

제3부

당신의 얼굴

설레임

봄바람을 들고 찾아오는
그리운 사람

곁에 있으면
늘 내 마음에 꽃을 피워주는 사람

오늘은 왜 아니 올까
기다려도
오지 않는 당신

노을 깔린 하늘에서
내려오는
저녁 어스름

날개

내게
날개가 있다면
하늘을 날고 싶다

마음의 병일랑
모두
땅속에 깊이 묻고

새로운
꿈을 그리며

아침햇살
가슴에 가득 안고
어둠을 불태워
태양이 노래하는

내게
날개가 있다면
하늘을 맘껏 날고 싶다.

사랑하는 사람

나에게
사랑하는 사람이 있다.

웃음을 잃은 내게
빛이 되어준 고마운 사람

추운 겨울이 가고
봄이 오듯

내 마음 그루터기에
살구꽃이 되어줄 사람

나
사랑하는 사람이 있다.

햇살

간밤에 꾼
욕망의 꿈을 다 지우고
아침햇살 맞이한다.

하늘 향한
날갯짓은 끝이 없다.

작은 것에 만족하면
행복은 늘 곁에 있다.

눈이 오는 날

눈이 오는 날이면
그리운 사람 더 그립다.

눈 위에 내 얼굴 그리며
곱게 웃던 사람

오늘은
내가 그 사람 얼굴 그린다.

바람이 지워도
더욱 뚜렷해지는 얼굴

웃을 때는
설중매가 피어나는 것 같았지.

눈 속에 묻고
홀로 보낸 세월동안

눈이 오는 날이면
그리운 사람이 더욱 그립다.

인연

구름 같이 살라고
바람이 불어온다.

모였다 흩어졌다
다시 모이니

억만 겁 윤회의 수레바퀴 속
이미 정해진 운명

모였다 흩어졌다
덧없는 인생이지만

인연의 밧줄
소중하게 간직해야지

당신의 얼굴

저녁노을 속에
꽃처럼 피어오르는
당신의 모습

문을 열고
밖을 내다보면
활짝 웃으며 달려오는
당신의 얼굴이 보입니다.

당신을 맞으려 달려가다 보면
어둠이 내려오고
당신은
신기루처럼 사라집니다.

오늘밤 나의 창가에
불이 꺼지면
당신을 향한 그리움에
또 하룻밤을 꼬박 새우겠지요.

연인

아내가 가버린 후
십 년

외로움 속에 만난
여인

끈끈한 정으로
인연을 맺었으니

혼자서
외롭던 밥상

웃음꽃 피어난다.

짝사랑

보기만 해도
가슴이 뛰던 소녀

거울속에
그리기만 했던 얼굴
인생 황혼에 다시 만났다

백합꽃보다
더 아름답던 소녀
하얀 할미꽃

열일곱
추억만 가슴에 안고 살아온
짝사랑

기차표

기차표 한 장 예매하고
춤추는 학이 되어 돌아왔다.

황혼녘에 피는 꽃
한 그루 나무가 되고 싶다.

마주할 수 없던 얼굴
그리다
그리다

고목은 꽃이 되어
새벽별 아래 미소짓고 있다.

새해

새해가 밝아온다.

한해가 저물면
죽음은 가까워 오지만
가는 세월 붙잡을 수 없다.

올해는
아름답게 살자

한해를 보내고
뒤돌아보며
후회하지 말자.

새해를 물고 온
까치 소리에
함박눈 허공에서
가득히 피어나고.

사랑

사랑을 하면
얼굴에 꽃이 핀다.

남편을 여의고
눈물로 살아가던 여인
나를 만나고
얼굴에 활짝 꽃 피었다.

사랑은
삶의 그늘을 지워주는 지우개
내 마음속에도 꽃을 가꾸며 살고 싶다.

황혼의 사랑

나에게는
사랑하는 사람이 있다.

오뚝이 같이
살아온 십 년 세월
폭풍은 지나가고

백합꽃처럼
아름다운 사랑을
꽃피우며

끈끈한
정으로 맺은 사랑
미래의 행복을 꿈꾸며 산다.

세월이 더 흐르기 전에
나의 황혼을 금빛으로
꾸미고 싶다.

먼 훗날

시집
「먼 훗날」을 발간했다.

소에게 풀을 뜯기며
시를 썼던 문학소년

꿈을 위해
여명을 밟고 고향을 떠나

포화 속의 월남전에서
죽을 고비를 넘기고

아내를 먼저 보낸
슬픈 세월 속에서

방광암에 걸려서
죽음 가까이 갔던 일

기쁜 일보다 슬픈 일이 더 많았던
빗속의 일생을 띄워 보내고

먼 훗날
떠오르는 태양을 위해

나는 전문의

나는요
종합병원 전문의랍니다.

고혈압 십칠년
전립선 비대증 십사년
협심증 팔년

방광암은
BCG 약물 투입
내시경 검사
치료 중.

온갖 병과 어울려 살다 보니
어느새
나는 전문의가 되었습니다.

홀애비

삭풍에
홀애비 눈물

구들장 아랫목은
따뜻하지만

가슴에는
찬바람만 일렁이네

겨울 가면
움트는 봄날이니

한숨소리
너른 바다에 뱉어놓고

눈물방울 지우고
가슴에 꽃을 피운다

그림

반세기 동안 지우지 못한
짝사랑
여고생

황혼녘
운명처럼
가슴 속에 나래 편
학!

얼굴 마주할 땐
사랑노래 부르지 못하고

늘그막
어깨동무
한폭의 그림.

여인

늦은 밤을 살며시 여는
여인

가녀린 어깨에
모든 일상 짊어지고

나의 꿈 훼방놀까
늦은 밤 바람처럼 들어오네

햇살 눈부신 아침
눈을 뜨는 웃음소리

아!
이런게 행복

토마토

장날
토마토를 한아름 사왔다.

갈아먹고
썰어먹고

십년 세월

뭉쳤던 피 잘 흐르듯
전립선 조직검사가 정상

불안한 마음
봄 햇살 빨간 토마토로
붉게 피어난다

협심증

참을 수 없는 통증
어둡게 실려간다

어둔 통증은
금새

터널 깊은 응급실
운동부화 검사로
협심증이라 한다

높은 산 계단은 근심
걸으며 걸으라 한다

월남전 참전
상이군경 유공자 하나
달랑 하얗게 웃고 있다.

제4부

촛불을 켜고

따뜻한 겨울

눈발 날리는 재래시장
골목길

언 손 호호 불며
잡곡과 청국장 팔고 있는 노인

십 년을 모아
불우이웃돕기 성금
1천만 원을 기부했다.

5천 원에
청국장 한 봉지
얼마를 팔아야 1천만 원을 모을까.

노인의 주름진 얼굴은 모닥불이다.
생각만 해도
겨울이 따뜻하다.

내가 사는 이유

삼성동 네거리
노인 한 분이 길가에 쓰러져
얼굴에서 피가 납니다.

행인들은 바라만 보다
그냥 지나쳐버립니다.

눈은 내리고
밤은 다가오는데
아무도 노인에게 다가가는 사람은 없습니다.

급한 마음에
노인을 등에 업고
동네 의원에 갔습니다.

의사선생님은
영양실조로 잠시 정신을 잃었다며
큰일 날 뻔하였다고 혀를 찹니다.

치료비
5만원 지불하고
기쁜 마음으로 돌아옵니다.

내가 살아가는
소중한 이유가 생겼습니다.

지팡이

옛날 노인들은
집을 나설 때
지팡이를 챙겼고

비 내리는 날은
긴 우산을 지팡이 삼아
골목길을 걸었다.

요즘 노인들은
아이도 없는데
유모차를 지팡이 삼아 밀고 간다.

지팡이가 지탱해주는
노인들의 황혼

먼 훗날
내 모습이 아른거린다.

인사

아파트
경비 아저씨가
“안녕하세요.”
밝게 웃으며 인사를 한다.

계단을 닦느라 분주한
청소부 아줌마도
“좋은 날씨네유.”
고개를 돌리고 인사 한다.

그들은 알고 있을까.
아침에 나누는 인사 한 마디가
하루 종일 내 마음에
아름다운 꽃으로 피어있는 걸

엘리베이터를 타고 내리며
나도 어린아이들에게까지
인사를 한다.

그들의 가슴에
작은 꽃으로 피고 싶다.

삶

산다는 것은
늘
새로운 자신을 창조하는 일

어제와 오늘의 모습
같은 것 같지만
오늘 나는 어제의 내가 아니다.

시의 붓으로
오늘도 새로운 그림을 그리는
쏠쏠한 재미가 생겼다.

아내를 잃은 이야기
새로운 여자 친구를 사귄 이야기
내 삶의 도화지 속에
늘 새로운 그림을 그리고 싶다.

그림 속에는
슬픈 이야기가 반이 넘지만

산다는 것은
슬픔의 바탕 위에
반짝이는 기쁨의 무늬를 수놓아가는 일이다.

촛불을 켜고

방안을
환하게 밝혀주는 눈빛

불 밝혀
어둠을 태우면
마음속 불안도
말끔히 지워진다.

나의 소망은
촛불처럼 언제나
세상을 밝히는 것

촛불 앞에 서면
내 안의 내가 보인다.

산사에서

노승이 읊고 있는
천수경 한 자락이
새벽을 열고 있는
산사의 처마 끝에

밤새도록 달빛 머금은
풍경 하나가
맑은 소리 몇 소절로 깨워놓은

탑
절집
부처님 말씀

갈비탕

1인분에 8천 원
이웃집 독거노인에게
갈비탕을 저녁으로 대접했다.

노인은
틀니가 맞지 않아
갈비를 뜯지 못하고

국물에 밥만
말아먹었다.

흘러간 세월들이 파놓은
그 노인 얼굴
깊은 고랑

십 년 후
내 모습이 겹쳐 보였다.

꿈꾸는 시인

목요일
자작시 한 편을 써가지고
아파트 정문을 나선다.

문예대학으로
시 공부 하러 가는 날은
양복차림으로 정장을 하는데

내가 넘어졌을 때
일으켜세워 준
시한테 당당해지기 위해서다.

"아저씨, 날마다
젊어지시네요."
경비아저씨가 반갑게 인사를 한다.

덤으로 얻은 칭찬에 신바람 나서
걸어가는 발걸음마다
시가 피어난다.

봄날

아파트 베란다에
봄이 왔다.

화분의 나무들도
기지개를 켜
겨우내 키워온 꽃등을 내건다.

창을 열면
초록빛으로 훨씬 가까워진 산

골목길
꽃장수 마음에
봄꽃이 춤을 추고

지팡이 짚고 가는
할머니 가슴에도
연분홍이 나풀거린다.

운명

썩은 동아줄
금 동아줄

동아줄
두 개를 앞에 두고

이승과 저승을
오가는 사람

가느다란 링커줄에서
방울방울 떨어지는 수액

안개처럼
몽롱한 운명

따뜻한 기사

삼성동 버스 승강장
남자 승객이 급하게 뛰어내리더니
버스 앞 범퍼에 오줌을 싼다.

운전석의 기사는
경적도 울리지 않고
시동을 끄고 웃고 있다.

볼일을 끝낸 승객은
뒤도 돌아보지 않고
골목 속으로 들어간다.

기사는
아무 일도 없다는 듯
다시 시동을 걸고 출발한다.

시끄러우려면
한없이 시끄러워질 일
기사의 따뜻한 마음이
세상 조용히 감싸 안는다.

수녀원 풍경

장애아들을 돌보는
수녀원에 갔다.

고난 속에서도
밝게 성장한 아이들

수녀님들은
저 연약한 하나님의 선물을 돌보며
함께 겨울을 견디고 있다.

성공한 아이들이 자식을 낳아
등에 업고 찾아오는
꿈을 꾸면서

힘든 고개를
어깨동무로 넘고 있다.

저녁 노을

공원에서
시간을 죽이다가

식사 때마다
무료급식소에
개미떼처럼 모여드는 노인들.

젊은 시절에
무엇들 했을까

노인들 어깨 위에만 오면
깨어지는 햇살

집으로 돌아가는 발걸음
벅차게 무겁다

슬픈 저녁노을

팽목항에서

가라앉아버린
젊은 꽃

엄마의 통곡소리도 건지고
어린 꽃들의 눈물도 건지고
노란 리본의 기다림도 건지고

그냥 거기
그리움만 펄럭입니다

세월호

열일곱 살
꽃도 피워보지 못하고
젊음을 앗아간
진도 팽목항

어둠 깔린
바다 속으로 침몰한다는
학생들 구조 요청이
심금을 울립니다.

눈 앞에
다가오는 죽음도 모르고
구조를 애타게 기다리는데…

선장은
자기만 살려고
제일 먼저 튀어나왔습니다.

퇴선명령만 내렸어도
많은 학생들의 생명을 구할 수 있었을텐데…….

맹골수도
깊은 바다 속
자식을 잃은 사람들에게
깊은 애도를 보냅니다.

연금

이십년
품팔이 남은 것 중
제일 소중한 것은

달마다 챙겨주는
나라의
따뜻한 손길

자식들 여우살이
보금자리 챙겨주고
작은 아파트에
홀로 살아가지만

노후에
웃음 잃고 살아가는 사람들에게
따뜻한 마음 퍼드릴 수 있게 해주는
연금.

부부

자식을 키우느라
먹을 것 안 먹고
입을 것 덜 입고 어렵게 살아왔다.

늙고
병들어
홀로 사는 노인은
힘들게 살아간다.

어깨동무하고
사이좋게 살아가는 노인은
참 좋겠다.

지친 별 아래
나 혼자서 걷고 있다.

《작품 해설》

대중적 서정시의 매력

— 한정민 시집 『진도 육자배기』

시인 조 남 익

1. 한 시인의 탄생

한정민의 시집 『진도 육자배기』를 펼치면 제일 처음 나오는 시가 「행복」이란 4행시이다. “어둠의 무게에 눌려 있을 땐/ 있어도 안 보이던 것// 마음에 햇살을 받아들이니/ 없어도 잘 보이는 것”이 그 전문이다.

이 시집 이해의 열쇠를 쥐고 있는 ‘행복’, 어둠의 무게에 있을 때는 안 보였는데, 마음의 햇살을 받아들이니, 뜻밖에도 없어도 행복이 잘 보이더라는 것이다. “있어도 안 보이던 것”과 “없어도 잘 보이는 것”의 행복, 인생에 대한 관조가 냉정하게 투시된다.

두 번 째 작품도 불과 5행의 「웃음」이란 시다. “산마루에 올라/ 미친 듯이 한 번 웃으니// 백지처럼 말끔히/ 지워지는 근심들// 웃음은 지우개”가 그것인데, 누구나 공감할 수 있는 일반적이면서 시적 깨달음이 뒷받침된 시다. 간결한 표현에 범상치 않은 미학의 자각을 보게 된다.

한정민 시인을 알게 된 것은 대전문예대학에서였다. 그는 과묵한 편이었고, 열심히 시쓰기를 하면서 합평회에도 빠지지 않는다. 맹호부대의 월남전에 참전한 상이군경유공자이다. 그러나 1남2녀를 둔 아내가 폐암으로 별세하는 불행이 닥친다.

한정민은 온 정성을 다해 뒷바라지를 한 간병일기를 엮어 시집 『먼 훗날』(오늘의문학사, 2014)을 출간한다. 이 시집은 "각종 암으로 투병중인 환자 가족을 위한 일에 조금이나마 도움을 주고 싶어 엮었습니다."의 '머리말'이 있고, 대학병원에 기증을 하기도 한다.

처절한 고통과 슬픔을 거치면서 그의 시쓰기는 이어진다. 그는 《문학사랑》(2015년 봄호)에서 「삼성동 네거리에서」 외 4편으로 추천과정을 거친다. 그의 '심사평'에는 아내의 죽음을 지켜보는 내면세계, 그러면서 세상을 밝게 보려는 지적 표현을 가리키고 "실천하는 양심 하나로도 그의 작품은 천금의 가치가 있다."고 했다.

한정민은 누구보다도 혹독한 '습작기'를 거쳐 탄생한 시인이라고 할 수 있다. 대전문예대학의 수련을 통하여 그는 한층 전문적인 성장을 도모할 수 있었다.

한정민은 생사의 충격적인 체험의 압박으로부터 강렬한 서정시의 구원을 요구한다. 자신의 절망을 녹여내리는 갈증과 위안의 심도는 시의 본산인 서정시와의 내면적 자아화, 내면화, 인간화에 있었다.

그의 서정시는 시적 자아와 일체감을 형성하면서 급속히 상승된다. 서정적 상상력은 내면의 삼정과 느낌까지도 외부 세계와의 중화작용을 조정해 주며, 가장 주관적이고 자아적인 긴장을 통해

시쓰기의 현실적 세계관에 이른다. 그는 시적 인식의 안정과 깊이에 몰두하며, 새로운 자아실현의 길을 얻는다.

꽃들 아름다운 춤을 위해서
은빛 갈기 휘날리는 바람

바람은 자유롭다.
바람의 자유를 위해
하느님은 허공을 비워놓았다.

바람의 긴 꼬리가
나무마다 풀마다
수런거리게 한다.

바람의 입자들이 피워놓은
흔들림으로
적막이 깨어지고

그 작은 설렘들이 모여
더욱 빛나는 여름날 오후.

—「여름날 오후」 전문

평이하면서도 윤기있는 여름날 오후가 깔끔하게 잡혀진다. "은빛 갈기 휘날리는 바람"(1연)이라는 불온한 압박이 있지만, "하느님은 허공을 비워놓았다"(2연)는 구원의 공간을 발견한다. 생리적인 서정시인으로 유명한 박목월의 시대와 간격을 둘 만큼 현대적인 감각도 있다. '자유 · 입자' 등의 시어는 벌써 한 시대를 뛰어넘어 온 개념이다.

한정민의 언어도 거의 천성적인 바가 있다. 시의 신비는 언어의 신비에서 온다고 갈파한 것은 시성 정지용이었다.

> 시의 신비는 언어의 신비다. 시는 언어와 Incarnation적 일치다. 그러므로 시의 정신적 심도는 필연으로 '언어의 정령'을 잡지 않고서는 표현 제작에 오를 수 없다.
>
> — 정지용 「시와 언어」(정지용 전집, 2산문)

언어의 정령(精靈)이란 무엇일까. 사물의 혼령을 이끌어내는 언어이기에 그것은 신비로운 것이고, 시는 바로 '언어의 정령'이 잡힐 때 쓰여진다는 것이다. 그것은 사물의 본질에 접근된 화신(化身) 또는 권화(權化)와의 일치인 것이다. 사실 추상적인 언어나 상투어가 되어버린 언어로서는 구체적인 삶이 살아 숨쉬는 시의 가변성, 곧 감동에 이르기 어렵다.

시의 관심은 인간 생존의 외부적 조건이라기보다는 그 조건에 충돌하며 살아가는 내면적 생존 모습이며 그 예술적 체험과의 만남이다.

한정민의 시집 『먼 훗날』을 보면 단순한 간병일기의 기록이 아니다. 항암주사, 방사선 치료, 중환자실, 그리고 임종, 49일재, 영정사진, 죄 등 너무도 가혹한 현실적 상황과 직면된 시들이다. 이 시집의 '추천의 글'에서 리헌석은 "가슴을 먹먹하게 하는 순애보"라 하였고, "추억은 아름답지만, 새로운 추억을 만드는 일도 소중한 일"이라며 격려를 아끼지 않는다.

이번 시집 『진도 육자배기』는 드디어 한 시인적 성장을 보이는 순수시의 궤도에 오른 인간승리의 산물이다. 어쩌면 거룩하기도 한 시의 성숙을 기대해도 좋을 것이다.

정신적 성숙이 은은할수록 시의 예술성은 빛난다. 더구나 창조적 발상과 튀는 표현이 함께 하게 되면, 시는 한층 신선한 운치를 높인다.

2. 시의 신화, 가족과 고향

"무덤이 없는 자는 하늘이 덮어준다."는 말이 있다. 한정민 시인은 하늘이 덮어주는 가족과 고향에서 신화적 자아와 만난다. 현실적으로 어려운 일을 겪는 가족이요, 고향이어도 시적 자아는 신화적 상상력에서 구원을 얻는다. 그의 시의 본질이 거기 있었다.

그의 고향은 전남 진도군 군내면 월가리. 이 시집 제2부는 고향에 대한 소재가 대부분이다. 모친과 선친에 대한 안타까운 상념을 비롯하여 설날, 세뱃돈 등 생활의 추억도 있다. 그런가 하면 온국민을 경악시켰던 세월호 침몰사건을 다룬「세월호」「팽목항에서」의 시가 제4부에 배치되어 있다.

시인에게 연금술(鍊金術)은 시인의 정체성과 표현의 완성도를 높인다. 어떤 비속한 것이라도 발효시키고 금으로 재생시키는 것이 정체성이라면, 이에 상응한 표현의 도에 일가를 이루고 문화적 멋스러움과 동화적 부드러움의 극치에 이르는 것은 예술성의 길인 것이다.

한정민의 시에는 시의 결구에서 고차원적 언어 표현이 유지된다. 이는 작시상으로도 시의 태작(駄作)을 막고 성숙된 한 시인의 면모를 살필 수 있게 한다. 그 일부를 예시하면 다음과 같다.

(1) 빈 몸으로/ 가볍게 올라가/ 반짝이고 싶다

—「별」 종련

(2) 시마저 없으면/ 내 삶은 정전이다

—「시」 종련

(3) 배낭문을 열어놓고/ 기차에 오른다

—「여행」 종련

(4) 동생이 바로/ 내 고향이다

—「고향에 가면」 종련

(5) 나는 진도 앞바다가 벌떡 일어나/ 내 뺨을 후려치는 꿈을 꾸었다.

—「절망」 종련

시에서 서두도 그렇지만, 종련의 비중은 더욱 막중한 바가 있을 것이다. 한 테마의 매듭이란 시의 성패를 결정한다 해도 지나치지 않을 것이다. 위의 인용에 대한 약간의 설명을 붙인다.

(1)「별」은 불과 4연의 시인데, "가진 것/ 몽땅 내려놓고" '빈몸'으로 가볍게 올라가 별이 되고 싶다는 것으로 구체적 발상법이고 경쾌감의 안도가 있다.

(2)「시」는 "친구도 없고/ 고통만 가득 가진 나"에게 '시'마저 없다면 내 삶은 '정전(停電)'이라는 것.

(3)「여행」을 갔다가 무인도의 바람소리, 초록빛 파도소리를 담아 오려고 "배낭문 열어놓고/ 기차에 오른다"는 것. 발상이 뛰어난 표현.

(4) “진도에는/ 지적장애 동생이 혼자 산다”는 고향에 가면, 동생 곁에만 있다가 오기 때문에 “동생이 바로/ 내 고향”이라는 것. 시의 뜻이 직핍된 효과가 있을 것이다.

(5) 절망적인 어머니가 끝내 “힘없이 무너지던 그날” 나는 악몽을 꾸었다는 것. 절망의 극적 효과를 한 표현.

흔히 시란 그냥 써지는 것이 아니고 우리의 심안(心眼)이 눈 떠야 한다고 한다. 이 눈이 다시 시안(詩眼)으로 이어진다. 그리고 그 자아실현의 욕구에 의하여 만족감과 인간상에 도달한다.

한정민은 뒤늦은 7순의 나이에 이르러 시의 자유(自遊)를 찾으며, 세속의 일을 근본적으로 넘어서고자 하는 시쓰기를 멈추지 않는다. 그에게는 아직 많은 희망이 기다리고 있을 것이다. 다음의 시는 인생의 ‘황혼’이 오히려 꽃으로 피는 경지이다.

나의 황혼 무렵은
당신이 있어
외롭지 않습니다

젊음을 화려하게 불태워
재로 만드는
서녘 하늘을 보아도
콧노래가 절로 나옵니다

어둠의 날개들이
삶의 창가에 장막처럼
드리우는 시간

내 안의 꽃들이
반짝이며 피어오르는
시간입니다.

당신은
밤으로 가는 길목에 등불로 핀
한 떨기 아름다운 백합입니다.

—「황혼에 핀 꽃」 전문

이 시의 '당신'은 '시'로 보아도 될 것이다. 그의 구원이 시이기 때문이다. 시는 "밤으로 가는 길목에 등불로 핀/ 한 떨기 아름다운 백합"(종련)으로 다가오는 것이다. 절정을 향한 몸부림을 부르고 있으며, 시의 자발성과 자족감을 지닌 고무가 충전되어 있다.

시의 기법에는 여러 가지가 있겠지만, 자신의 이미지가 '황혼 · 꽃 · 시간 · 백합' 등으로 은유되어 있다. 시와 무의식, 참신한 이미지의 구현, 그리고 무위의 허를 찾아가면서 군소리, 모호성, 혼란 등을 다듬어 내는 기능을 눈여겨 볼 수 있을 것이다. 한정민은 이에 만족하지 않고 더욱 고급의 기법, 그러면서 심금을 울리는 고도의 절창성을 목표로 추구할 수 있을 것이다.

3. 서정시는 '담수호(淡水湖)'인가

우리가 접할 수 있는 시 가운데서 서정시의 비율은 압도적으로 많은 편이다. 현대시라는 개념이 끊임없이 작용을 하고 있지만, 누구나 시라고 하면 서정시를 떠 올린다고 해도 과언이 아닐 것이다.

소설은 시와 달리 근대문학의 산물이다. 그러나 서정시는 인류 문화와 함께 온 유구한 역사를 자랑해 온 장르이다. 우리나라의 경우, 대부분 내용이 한시로 전해져 오지만, 고조선 시대의 「공무도하가」, 고구려 유리왕의 「황조가」 등이 문헌에 나온다.

서정시는 개인적 정조의 표출로 이루어진다. 영혼의 깊이 속에 기반을 두고, 언제나 색채와 향훈의 여운을 남긴다. 흔히 타인을 의식하지 않고 자기 자신을 위해 창작하기 때문에 서정시는 무목적의 시로 일컬어지기도 한다.

오랜 전통의 서정시, 현재에도 본질적으로 크게 달라진 면모가 별로 없기 때문에, 어떤 이는 『서정시의 운명』(김한식, 2006)에서 '오래된 담수호'에 비유하기도 한다.

이 담수호에 여전히 물고기는 뛰놀고 있겠지만, 이 고인물의 운명은 끊임없는 혁신을 요구한다. '전통시'는 낡은 것이라는 인식이 매우 치명적인 것인데도 안주하고 있는 시가 있는가 하면, 일부는 자각적인 노력을 다하고 있는 것도 사실이다.

실험시, 해체시 등의 출현, 모더니즘, 난해시의 정당성 등의 이면에는 전통시에 대한 변혁 의도, 다시 말하면 현대시로서의 정립에 숨은 고민들이었다. 시의 산문화, 요설화, 소품화, 탈사회화 등의 풍조에는 새로운 서정시의 변화를 도모하는 의도가 깔려 있음이다.

현대시에는 많은 논의가 있겠지만, 표현의 현대적 혁신과 현대판 소재의 발굴 및 확대 등이 거론될 수 있을 것이다. 실험시는 대개 날이 서 있고 그리고 첨단적이었다. 그래서 80년대의 한국시는 성과가 없었고, 이후 간헐적으로 나온 실험시들의 빛은 거의 지속

되지 못하고 있는 것으로 본다.

일반적으로 정신의 시, 형이상(形而上)의 시가 그래도 표일한 생명력으로서 영원을 지향하는 성과를 보인다. 가장 중요한 것은 '현대적 사고력'의 정립과 그 실현일 것이다.

한정민은 소재의 발굴을 보이는 것이 있다.

남정넨
집안일 하며
육자배기를 불렀고

여인넨
육자배기 장단에 맞춰
밭일을 품앗이했다.

길 가던 행인들도
육자배기 홍에 취해
춤을 추었고

어둠이 오면
마당에 모깃불을 피우고
할머니 육자배기에
밤 하늘 별을 땄다.

진도는 바닷물도
육자배기 소리만 나면
출렁거린다.

—「진도 육자배기」 전문

남도의 대표적인 민요인 육자배기로 또 하나 고향의 서정을 노래한다. 남정네, 여인네, 행인, 할머니, 그리고 바닷물까지 모두 혼연일체가 된 흥취이다. 언어의 음악성에 젖어있는 것이 서정시의 본질인데, 육자배기 곧 고향의 놀라운 매혹을 보인 작품이다.

육자배기는 원래 「농부가」와 같이 농요의 한 갈래로서 '육자배기'란 이름은 6박을 단위로 하는 진양조 장단에서 생긴 것이라고 한다. 지금은 「판소리」「속 춘향가」「수궁가」 등의 한 대문을 떼어다 부르기도 한다.

이 시는 한정민에게 새로운 가능성을 선보이는 바가 있을 것이다. 지금까지의 주관적인 독백 위주의 시에서, 이 시는 사물에 대한 객관적 표현에 의한 서사적 표현으로 되어 있기 때문이다. 서사적 관점의 표현기법은 서정시의 또 하나 큰 영역에 속할 것이다. 가령 한용운, 서정주, 김지하 등 시인들의 명시들은 거의가 사적인 표출보다는 냉정한 서사적 기법이 원용되고 있음을 볼 수 있을 것이다. 신선한 소재의 개척, 지적인 투시력 등이 그 관건일 것이다.

한정민은 그의 개인적 주관적인 정서를 순화하며 냉철한 지성의 영역으로 진입한다. 다음의 「따뜻한 겨울」도 그러한 예에 속할 것이다.

> 눈발 날리는 재래시장
> 골목길
>
> 언 손 호호 불며
> 잡곡과 청국장 팔고 있는 노인

십 년을 모아
불우이웃돕기 성금
1천만 원을 기부했다.

5천 원에
청국장 한 봉지
얼마를 팔아야 1천만 원을 모을까.
노인의 주름진 얼굴은 모닥불이다.
생각만 해도
겨울이 따뜻하다.

—「따뜻한 겨울」 전문

쉽게 이해되는 내용이며, 그러면서 아늑한 정감의 미소를 머금게 한다. 시의 이런 단순성은 대중과 쉽게 호흡되는 요소인 것이다. 우리 세속의 맥을 짚으면서 위로와 안식의 미적 감정을 준다.

우리 시단에는 이른바 도시적 서정시로 불리우는 일군의 시인들이 활동하고 있다. 도시란 원래 적자생존의 밀림이고, 강자만을 키우고 옹호한다는 배경은, 도시적 서정의 세계가 도시의 우울, 그로테스크한 모습, 분노와 야유 등의 시풍을 낳는다. 그것이 때로는 새로워 보이고 신기해서 일시의 관심은 끌 수 있겠지만, 여전히 독자와 멀어진다. 진선미를 지향하는 시의 본질과의 괴리 때문일 것이다.

한정민의 「따뜻한 겨울」은 소박하면서 마음의 안정을 준다. 가난한 노인의 따뜻한 불우이웃돕기의 성금 때문이다. 이 시 역시 종련의 매듭이 뛰어난 편이다. "노인의 주름진 얼굴은 모닥불이다 / 생각만 해도/ 겨울이 따뜻하다"는 결구는 전체의 내용을 재해석

하면서 매듭을 놓는다. '주름진 얼굴'과 '모닥불'의 상관성 역시 상식을 넘는 비유라고 하겠다.

4. 대중적 서정시의 지진대(地震帶)

시를 통한 도덕적 미학적 진보의 개념은 현대시에 와서도 근본적으로 퇴색할 수 없는 본질이다. 신화적 상상력도 이에 연원을 둔다. 시의 은유적 욕망은 이상적인 현실을 모방하는대로 나아가는 것이라 하여 '미메시스(mimesis)적 욕망'이란 플라톤의 말을 강조하는 이도 있다.

오늘날 80년대까지만 해도 상상할 수 없었던 문인의 양산시대로 접어들었다. 문예지도 수백 종에 이른다. 시인은 많을수록 좋은 것이란 측면이 있고, 문예지도 다량화의 합리성이 없지 않다. 더구나 그것은 민주사회의 발전과 더불어 예술이 소통의 총아로 뜬 것이다. 민주주의는 소통문화인데, 예술이 그 역할에 있다는 것이다. '문화융성'이란 이면에는 소통과 복지가 함께 깔려 있다.

그러나 문인들의 개인적 처신은 곤혹스러운 면이 없지 않을 것이다. 광대한 통념의 나락에 떨어져 가기 때문일 것이다.

한정민 시인은 대중적 서정시의 지진대에 가까이 설 수 있는 면이 없지 않다. 그는 누구보다도 대중적 풍토에서 태어나 성장했고, 더 중요한 것은 대중의 편에서 세속의 선함과 향기를 맡는다. 그의 시는 대중적 숨길을 따뜻하게 열고 있으면서도 결코 통속적 편향에 빠지지는 않는다.

앞에서 「따뜻한 겨울」을 보았지만, 「내가 사는 이유」에서는 길거리에 쓰러진 노인을 등에 업고 병원으로 가는 선행 기록이 나온다. 이 시의 결구는 "내가 살아가는/ 소중한 이유가 생겼습니다"인데, 이러한 시적 픽션은 아무나 흉내 낼 수 있는 것이 아닐 것이다.

(A) 노승이 읊고 있는
천수경 한 자락이
새벽을 열고 있는
산사의 처마 끝에

밤새도록 달빛 머금은
풍경 하나가
맑은 소리 몇 소절로 깨워놓은

탑
절집
부처님 말씀

—「산사에서」 전문

(B) 방안을
환하게 밝혀주는 눈빛

불 밝혀
어둠을 태우면
마음속 불안도
말끔히 지워진다.

나의 소망은
촛불처럼 언제나
세상을 밝히는 것

촛불 앞에 서면
내 안의 내가 보인다.

—「촛불을 켜고」 전문

작지상으로 신선하고 안정감을 함께 주는 소품이다. 「산사에서」는 고도의 생략과 비약을 함께 하면서 시적인 운치가 울린다. 천수경(千手經)은 불경의 한 가지로 천수관음(千手觀音)의 유래와 발원, 그리고 공덕 등을 말한 진언(眞言)이다. 이 주문을 외면 천수관음의 공덕으로 구제를 받는다고 한다.

「촛불을 켜고」는 역시 곧 마음의 촛불이다. 자칫 경직되기 쉬운 일반적인 발상이지만, “촛불 앞에 서면/ 내 안의 내가 보인다”(종련)에서 비약의 울림으로 이끈다. 시가 언어의 논리성이나 문법성을 초월하는 그 기능을 살리고 있다.

한정민 시인은 변화의 묘미를 구사하되, 난해하거나 그로테스크하지 않게 풀어낸다. 이는 시적이면서 평이한 단순성을 즐겨쓰고 있는 것인데, 이는 대중적 서정시의 중요한 기능의 하나라고 하겠다.

시에서 리듬이란 특수한 힘, 독특한 마력이 내재해 있다. 그의 시에 리듬감각이 보존되어 있고, 연속체로 이어져 이끄는 매력을 또한 눈여겨 보게 한다. 이 또한 대중적 서정시의 기능이다.

소설과 달라 서정시는 본래가 세속의 일을 초월하는 인간적인 탐구에서 진아(眞我)의 존재성을 주장하고 표현한다. 속세로부터의 멀리하기는, 곧 세속의 일을 근본적으로 뛰어넘고자 하는 초월 행위로 인정된다.

그러나 한정민의 시에는 아픈 체험으로부터 오는 인생의 승화가 있고, 질긴 고독과의 깨달음이 있다. 인류의 명작이란 대부분 인간의 병든 면을 여과시키고 표현한 기품의 내용이라고 하듯이 내면적 성숙이란 작품의 질과 관계가 깊다. 뿐만 아니라 「가장」「딸부자」「세뱃돈」「스키장에서」 등 적지않은 작품에서는 낙천적인 서민의 애환을 노래한다. 세속에 대한 사랑과 긍정, 나아가 세속인에 대한 성스러운 찬미를 함께 볼 수 있다.

현대시는 난해하고 고담적이며 편향적임으로써 독자와의 괴리가 심각하다는 지적은 세계적 경향이다. 한정민 시인은 정서적 바탕이 깊고 풍부한 편이고 대중적 서정시의 매력을 어느 정도 갖춘 천부적 소향을 보이고 있어 앞으로 주목되는 바가 있을 것이다. 사람 사는 길이 천리라면, 시의 길은 멀고 먼 만리의 길이다. 우리 시의 희망은 결코 가까운 곳에 있지 않을 것이다. 미학적 가치관의 긴장을 향해 시의 성취를 더욱 진척시켜야 할 것이다.

끝으로 정지용은 그의 「시의 옹호」의 맨 마지막에서 다음과 같이 시인의 자부심을 부추긴 바 있다. 참고가 될 수 있을 것이다. "시인은 정정한 거송(巨松)이어도 좋다/ 그 위에 한 마리 맹금이어도 좋다/ 굽어보고 고만(高慢)하라"

진도 육자배기

한정민 시집

발 행 일 | 2015년 9월 25일
지 은 이 | 한정민
발 행 인 | 李憲錫
발 행 처 | 오늘의문학사
출판등록 | 제55호(1993년 6월 23일)
주　　소 | 대전광역시 동구 대전로 867번길 52(한밭오피스텔 401호)
전화번호 | (042)624-2980
팩시밀리 | (042)628-2983
홈페이지 | http://www.lito77.co.kr(홈페이지)
전자우편 | hs2980@hanmail.net

공 급 처 | 한국출판협동조합
주문전화 | (070)7119-1752
팩시밀리 | (031)944-8234~6

ISBN 978-89-5669-704-8
값 10,000원